FLEURUS

Direction : Guillaume Arnaud, Guillaume Pô

Direction éditoriale : Sarah Malherbe
Édition : Virginie Gérard-Gaucher, Raphaële Glaux, Claire Renaud
Direction artistique : Élisabeth Hebert, assistée de Séverine Roze

Fabrication : Thierry Dubus, Sabine Marioni

Site : www.fleuruseditions.com
ISBN : 978-2-2151-3292-9
Code MDS : 652 589

"Loi n° 49-956 du 16 juillet 1949 sur les publications destinées à la jeunesse."

PETITZEN

LE BIEN-ÊTRE DES PETITS

J'AI PAS SOMMEIL !

• HISTOIRES ET RITUELS POUR S'ENDORMIR PAISIBLEMENT •

LOUISON NIELMAN ET THIERRY MANES

FLEURUS

PRÉFACE

Après une journée bien remplie vient le moment d'aller au lit. Mais votre petit, lui, n'en a pas forcément très envie. Il fait même parfois durer ce moment un peu plus longtemps que prévu, et vous pouvez vous sentir agacé ou démuni.

Alors... comment gérer au mieux le coucher ?

Même s'il n'existe pas de recette magique, quelques repères et quelques clés peuvent cependant vous accompagner.

Un enfant est un être en pleine construction avec des besoins qui changent. Il y a des périodes où lui aussi, tout comme vous, peut avoir du mal à s'endormir. Cela peut être lié à des événements particuliers (rentrée à l'école, naissance, déménagement, problèmes familiaux...) et aussi parce qu'il grandit, passe des caps.

Dans cette évolution permanente, certains **besoins** doivent être **respectés** :

• **Le rythme**

Bien avant le coucher :

- votre enfant et vous avez eu une journée remplie d'émotions, d'expériences diverses. En rentrant à la maison, votre enfant peut avoir besoin de se défouler. S'il est encore tôt, il est possible d'aller jouer dehors, au parc, ou bien de jouer à cache cache, à chat perché à l'intérieur de votre maison ou de votre appartement.

- Ensuite, le retour au calme doit s'amorcer par un jeu plus calme si vous avez le temps, sinon le bain, le repas, puis un coloriage, ou toute autre activité tranquille à laquelle l'enfant peut jouer seul. Cela signifiera que l'heure du coucher arrive progressivement.

Ensuite...

Observez-le bien : il se frotte le nez, les yeux, réclame plus de câlins, s'allonge, prend son doudou ? Ce sont les **signes du sommeil.** C'est à ce moment-là que vous pourrez alors le coucher.

N'oubliez pas qu'**un enfant ne dort pas sur commande.** Il s'agit donc de s'accorder à son besoin, à son rythme, car un enfant qui n'a pas sommeil ne s'endormira pas quand vous seul l'aurez décidé.

• Les repères

L'enfant a besoin d'un espace bien à lui pour dormir : sa chambre, ou un endroit bien défini, avec des rituels qui introduisent progressivement la séparation pour la nuit ou la sieste. Mettre une lumière toute douce, dire au revoir au soleil, bonjour à la lune, prendre le doudou, laisser ses peluches habituelles sur son lit, mettre une petite musique ou chanter une petit comptine, lire une histoire, aident l'enfant à se préparer à dormir.

• Le besoin d'être écouté

Il appréhende parfois le coucher, il a des **peurs normales** (peur du noir, peur des monstres etc...). Il s'agit de les accueillir **sans jugement** et de **le rassurer.**

• Le besoin de s'exprimer

Il ne sait pas, ou ne peut pas encore dire pourquoi il a du mal à aller se coucher ou s'endormir. Vous pouvez lui **proposer des petites phrases** comme : « As-tu besoin d'un autre câlin ? As-tu peur de quelque chose? » pour **favoriser la communication,** l'aider à mettre des mots, des images sur ce qu'il ressent.

De même, il doit sentir que **la séparation n'est pas inquiétante pour vous,** que vous êtes serein de le laisser dormir seul dans son lit dans sa chambre.

- **Le besoin d'un moment tendre et privilégié**

Le câlin, le bisou, l'histoire, le border, les paroles rassurantes sont importantes pour assurer la **transition** vers le sommeil. Certains enfants, notamment les plus grands, dotés de langage, ont parfois besoin d'un temps d'échange à ce moment-là pour reparler de leur journée.

Et vous dans tout ça ?

Parfois, vous aimeriez que votre enfant aille vite se coucher, car vous avez besoin d' un moment à vous. Vous avez le droit de penser cela, mais auparavant, vous aurez dû répondre à son besoin fondamental de partager un petit moment avec vous, d'avoir eu le temps d'un dernier câlin avant la nuit.

N'oubliez pas qu'il faut mieux passer un petit quart d'heure entièrement consacré à votre enfant, dans un plaisir partagé, donc de qualité, que de se forcer à accorder une heure pendant laquelle vous n'êtes pas disponible. Les soirées peuvent être courtes, après le travail, les tâches ménagères, ce qui compte est cet instant que vous passerez avec lui et que vous vivrez pleinement.

Ensuite, il faut aussi être à votre écoute. S'aérer, prendre un moment pour soi, passer le relais, mais aussi parler de votre ressenti : « Je suis fatigué ce soir, j'ai besoin de me retrouver seul un moment, si tu n'as pas sommeil, peux-tu jouer un peu calmement ? » est plus recevable pour l'enfant que « Tu m'énerves, file dans ta chambre que je sois tranquille ».

Si l'enfant perçoit que le coucher est une façon pour vous de vous accorder un moment rien qu'à vous, il est possible qu'il ne veuille justement pas dormir...

QUELQUES CLÉS

- On ne met jamais au lit un enfant de force ou de colère.
- S'il a mal, s'il a du chagrin, ou s'il fait un caprice, il faut différer de quelques minutes le coucher.
- Prendre des temps rien que pour vous pour souffler.
- Évacuer en amont le trop plein d'énergie de l'enfant.
- Amorcer un retour au calme progressif.
- S'adapter au rythme de l'enfant.
- Repérer les signes du sommeil.
- Réduire toutes les stimulations sensorielles. Trop de lumière, de bruits, les jeux qui favorisent l'énervement, sont à éviter. De même, la télévision ou toute forme d'écran nuisent à l'endormissement car ils stimulent trop le cerveau. En outre, éviter de regarder les informations en présence d'un petit, car les images et les phrases qu'il retient peuvent générer de l'inquiétude.
- Faire de la chambre un lieu agréable (lumière douce, calme, etc...)
- Laisser à sa disposition ce dont il a besoin : une tasse d'eau, un mouchoir, etc...
- Coucher l'enfant dans son lit.
- Le laisser se mettre de la façon qui lui est confortable.
- Utiliser des rituels (avant et au moment de dormir), le dernier rituel doit avoir lieu dans le lit (chanson douce, comptine, petite histoire), le rituel de séparation doit être court.
- Moduler sa voix (voix plus basse).
- Dialoguer si besoin uniquement.
- Accueillir les émotions.
- Accourir trop vite en cas de rappel. Ne pas prendre l'enfant dans les bras, mais le rassurer dans le lit.

Le mot de la fin : Ces clés sont des suggestions, vous avez aussi de très bonnes idées qui accompagnent votre enfant dans son sommeil.

Si, malgré tout, des difficultés apparaissent et persistent, il est conseillé d'aller consulter, pour dénouer ce qui peut se jouer à ce moment-là, qui est, symboliquement, une séparation, afin de comprendre ce que cela peut réactiver.

J'AI ENCORE ENVIE DE JOUER, MOI !

Max le petit chat joue à attrap'souris avec Jules et Lili.
Il saute par-dessus la barrière, se perche
sur le toboggan, glisse et se faufile sous le banc.
Lili et Jules n'arrivent pas à l'attraper !
Quel chenapan !

« Pouce ! Je suis épuisée, dit Lili en riant.
- Mais j'ai encore envie de jouer, moi ! On recommence ?
- C'est toi le chat ! » propose Max.

Mais à ce moment, le papa de Lili et de Jules
appelle ses enfants pour le dîner !

Max n'a plus personne avec qui jouer.
Et puis, il a soif et faim.
Juste à ce moment, sa maman l'appelle :
« Max, il est l'heure de rentrer à la maison ! »
Le petit chat court chez lui.
« J'ai une soif de loup ! » dit-il en poussant
la porte de la cuisine. Max boit un grand verre de lait frais.
Il se lèche les babines et réclame :
« Dis maman, tu veux bien faire une partie
de cache-cache avec moi ?

- Mon Maxou, tu n'as pas assez joué avec tes amis ?
- Si, mais j'ai encore envie de jouer, moi !
- Je sais, mais il est un peu tard pour faire une partie de cache-cache, je dois finir de préparer le dîner.
- Alors, tu te dépêches et puis après on pourra !
- Mon petit chat, ce n'est plus le moment de faire des jeux comme ça. Il est plutôt l'heure de se laver.

- Oh, mais maman, j'ai encore envie de jouer, moi !
s'écrie le petit chat.
- Tu peux jouer dans la baignoire, et ce soir,
après le dîner, je passerai un moment
rien qu'avec toi.
- On pourra jouer à se cacher ?

- Non, Maxou, pas de jeu qui énerve avant d'aller dormir...
Si tu veux, on lira le livre de la petite souris.
Tu sais, le dernier que papa t'a acheté. »

Content de cette idée, Max accepte de se laver
sans ronchonner. Il s'amuse longtemps avec ses jouets
de bain et dîne ensuite de bon appétit.

Enfin, le moment attendu est arrivé.
Max s'est lové sur les genoux de sa maman,
et il s'amuse à chercher la petite souris
sur chaque page. Le petit chat se sent bien.

Maman lui chuchote à l'oreille :
« Maxou, on va lire une dernière petite histoire
dans ton lit avant de faire dodo. »

Max a oublié la partie de cache-cache,
car il aime ce moment,
où il écoute la voix douce
de maman lui raconter
une jolie histoire, rien que pour lui.

• Mon rituel du soir •

CALME COMME UNE TORTUE

Mets-toi à genoux
sur un tapis moelleux
ou sur la moquette
de ta chambre.
Ferme les yeux.

Baisse-toi lentement pour poser
ton ventre et ta poitrine sur tes cuisses.
Cache bien ta tête, en posant
ton front au sol.

Puis tends les bras devant toi,
et pose-les bien à plat sur le sol.

Essaie de faire avancer un peu tes doigts sur le sol,
pour étirer ton dos, comme si tu étais une petite
tortue qui voulait avancer doucement,
tranquillement.

La petite famille tortue est bien installée :
papa, maman et toi, pouvez écouter les bruits
autour de vous, prendre ensuite de l'air par le nez,
longtemps, et enfin souffler, doucement.
Encore une fois, et voilà.

Tu peux maintenant rester encore un peu
dans la position de la tortue,
avant de remonter tout doucement.

• Le coin des parents •

Pour être bien ensemble,
éteignez la télévision et votre téléphone,
préférez une lumière tamisée
dans la chambre
et parlez à voix basse.
Cette ambiance favorisera le retour au calme
de votre enfant avant d'aller dormir.

NON ! NON ! ET NON ! JE VEUX MON LIVRE À MOI !

Sidonie a joué toute la journée.
La nuit est maintenant tombée.
Maman a déjà dit trois fois :
« Ton petit lit t'attend, ma souris. »

Mais Sidonie ne veut pas se coucher,
elle cherche son livre préféré.
Aurait-il glissé sous son lit, sur le tapis...
Elle pleurniche :
« Maman, j'ai perdu mon livre du soir ! »

Maman cherche un peu, tout en consolant Sidonie :
« Tu es triste, ma souricette, mais nous allons le retrouver,
il ne peut pas être bien loin. »
Maman fait le tour de la chambre,
mais pas de livre en vue !

Elle se penche vers Sidonie.
« On le retrouvera demain, j'en suis certaine !
En attendant, regarde celui-ci, il est si beau. »
Mais Sidonie saute et rebondit sur son lit :
« Non ! Non ! Et non ! Je te dis que je veux mon livre à moi ! »

Sa maman l'embrasse :
« Oooh ! Je vois que tu n'es pas contente.
Voilà un petit bisou magique rien que pour toi !
Ce livre ne peut pas s'être envolé, on le retrouvera,
mais il commence à être tard, Sidonie. Regarde !
J'ai retrouvé les aventures de Simon le cochon,
tu sais, le livre accordéon ?

- Non ! J'aime pas Simon le ronchon !
Je veux mon livre à moi, dit Sidonie en jetant le livre
de Simon et en se roulant par terre.
- Ma souris, dit maman, j'ai beau chercher ton livre,
je ne le vois pas.
Ce soir, on va devoir lire une autre histoire,
découvrir de nouvelles aventures.

Mais Sidonie répète en se roulant sur la moquette :
« Non, je veux les images de mon livre à moi ! »
Maman s'étonne doucement :
« Mais pourquoi ? Il est si usé...
Tu as gribouillé dessus, tu l'as traîné partout...
Et moi, je le connais par cœur, j'ai envie de changer... »

Sidonie se calme, s'assied alors en écoutant maman,
puis elle chuchote :
« D'accord… je veux bien Simon le ronchon. »

Sidonie se cale contre sa maman,
et s'amuse des aventures de Simon.

À la fin de l'histoire, le papa de Sidonie arrive :
« Regardez ce que j'ai trouvé sous le canapé ! »

Sidonie attrape son livre préféré, le colle aussitôt contre son nez :
« Merci, papa ! Il sent trop bon, il est tout doux... »

Elle tourne une ou deux pages, s'allonge et murmure :
« Je n'ai même pas le courage de tout lire...
je suis fatiguée.
- Bonne nuit, Sidonie »
chuchotent ses parents en la bordant
et en l'embrassant tendrement.

Mais Sidonie ne répond pas, elle dort déjà.

• Mon rituel du soir •

MON MASSAGE TOUT DOUX

Allonge-toi au calme,
sur le dos ou sur le ventre,
avec une toute petite
lumière dans la pièce.
Ferme les yeux
si tu en as envie.

Assis à côté de toi,
papa tient une petite balle dans
sa main, qu'il va faire rouler sur
ton corps pour bien te relaxer.

Papa va promener la balle soit en partant du haut de ta tête jusqu'en bas de tes pieds, en suivant tout ton corps (ta tête, ton cou, tes épaules, tes bras, tes hanches, tes jambes, et tes pieds), puis remonter dans l'autre sens, comme pour te dessiner.

Mais si tu préfères, papa ne peut masser que ton dos, tes mains ou tes pieds, mais ce n'est pas le moment des chatouilles...

• Le coin des parents •

N'oubliez pas que votre enfant a besoin de se sentir bien pour aller au lit. S'il est triste ou s'il fait un caprice à ce moment-là, prenez le temps de le calmer plutôt que de le forcer à se coucher malheureux, en colère ou surexcité.

TRAIN

LE TRAIN DU SOMMEIL DE LUCIEN

Lucien le petit loup joue avec son tracteur préféré.

Soudain, papa s'exclame : « Ding, ding !
Le train du sommeil de Monsieur Lucien entre en gare !
Destination, la cité du dodo ! »

Et comme chaque soir, papa perche Lucien
sur ses épaules pour l'emmener au lit.
Après une belle histoire et le câlin du soir,
papa et maman disent à Lucien :
« Bonne nuit, mon chéri et à demain. »

Quelques minutes plus tard,
Lucien sort dans le couloir, prêt à demander à boire,
mais... qui est déjà là ?
Papa !

Il dit : « J'ai oublié d'apporter le verre d'eau de Doudou ! »
Et papa pose le gobelet sur la table de nuit.
« Voilà, Doudou, et bonne nuit ! »

Lucien regarde et se recouche.

Mais il se relève car il a chaud...
Qui est là cette fois ?
Maman !

Elle dit : « J'ai oublié de régler le chauffage,
je viens montrer à Monsieur Doudou comment il peut faire. »

Maman enlève la couette et dit doucement :
« Voilà, Doudou. Si tu as froid, remets-la sur toi.
Maintenant, tu as tout ce qu'il faut, bonne nuit.
Nous en avons assez de ce doudou qui réclame
toujours quelque chose.
Lucien, tu pourras en parler avec lui, mon chéri ? »
Lucien écoute et se recouche.

Les parents de Lucien lisent dans le canapé.
Soudain, maman dit :
« Je crois que j'ai entendu
Lucien nous appeler. »

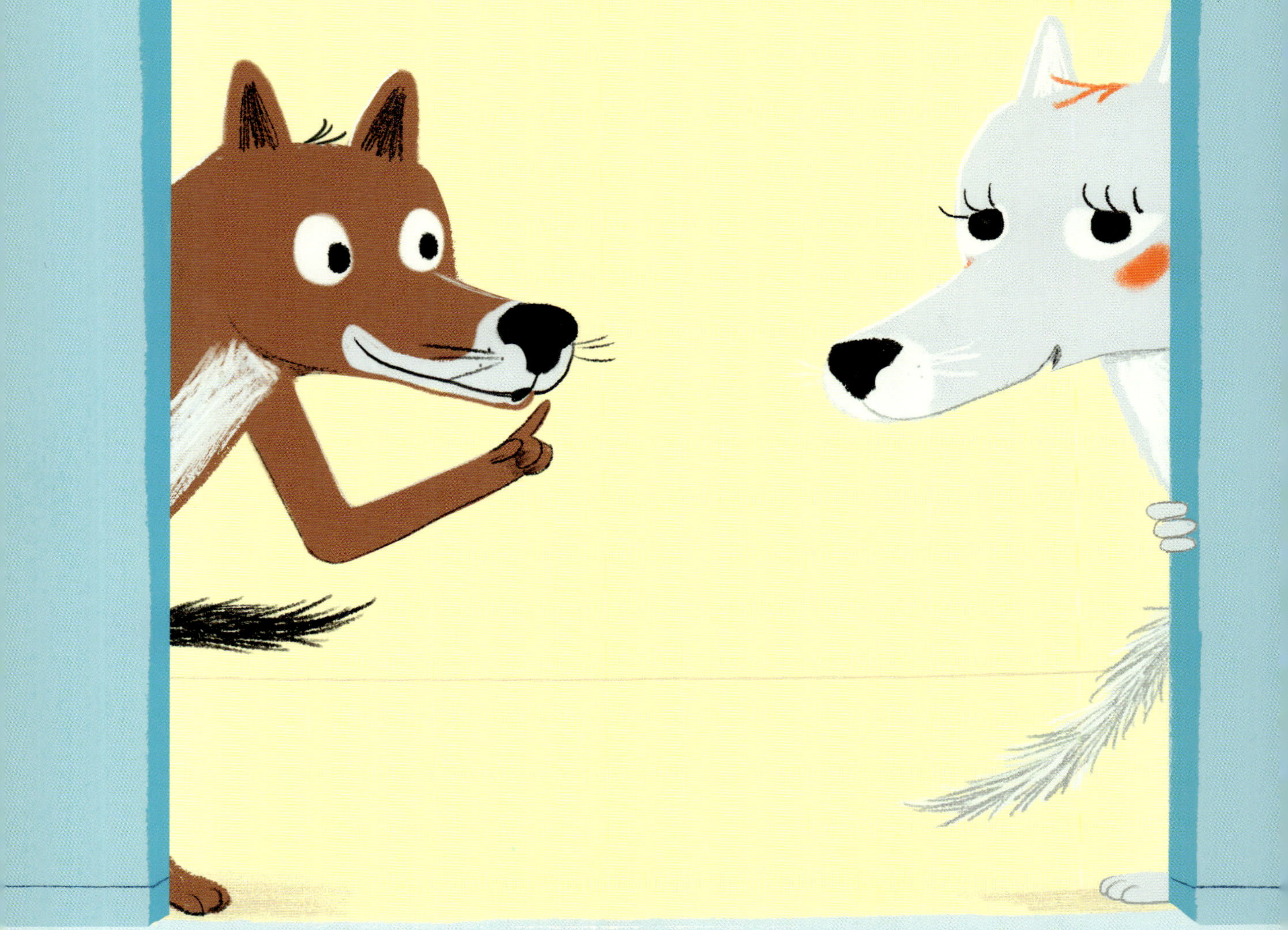

Sur la pointe des pieds, ils vont jeter un œil dans la chambre de Lucien, prêts à l'entendre réclamer encore un dernier baiser.

Mais Lucien dort, Doudou contre son nez.
Papa et maman sourient et murmurent :
« Bonne nuit, Lucien, bonne nuit, Doudou. »

• Mon rituel du soir •

ON CHANTE ?

Allonge-toi, on va chasser les nuages de la journée.
Prends plein d'air par le nez, gonfle ton ventre
et pffffff... souffle doucement par la bouche.
Recommence plusieurs fois calmement.

Allongée à côté de
toi ou assise en
te tenant la main,
maman va te chanter
une petite comptine,
tout doucement.

Une fois que maman
a chanté la comptine, recommence avec elle
à toute petite voix,
pour ne pas réveiller doudou qui dort déjà...

• Le coin des parents •

Si votre enfant vous rappelle,
résistez à la tentation d'accourir tout de suite.
Si vous vous rendez dans sa chambre, n'allumez pas la lumière,
ne le sortez pas de son lit, écoutez-le, rassurez-le,
avec des phrases courtes et fermes, à voix basse,
et aidez-le à comprendre qu'il est en sécurité
et que vous n'êtes pas loin.

MAMAN, PAPA, J'AI PEUR DANS LA NUIT !

Lulu le lapin a passé une bonne journée !
Le soir venu, il se frotte les yeux, le nez.
« Oh, dit maman, je crois qu'il est l'heure
d'aller au lit, mon Lulu. »
Une belle histoire et un câlin plus tard,
maman et papa le bordent
et lui souhaitent une très belle nuit.

« Mamaaaaan ! Mamaaaan ! »
Maman revient à petits pas.
« Que se passe-t-il, Lulu ?
- J'ai peur dans la nuit ! dit Lulu d'une petite voix.
- Peur de quoi, mon chéri ?
- Du monstre cauchemar ! Il a de grandes dents,
il est tout noir, et il veut me manger ! »

Maman dit : « Tu sais, j'ai une petite formule magique :
"Pschitt ! Pschitt ! Ouste le monstre de la nuit,
on ne veut pas de toi ici !"
Tu le fais avec moi mon chéri ? »
Et tous les deux répètent la formule en chœur.
Puis maman fait un gros câlin à Lulu, et s'en va.

Lulu a pourtant bien sommeil,
mais il ne peut pas s'empêcher de dire bien fort :
« Papaaaaa ! Papaaaaaa ! »
Papa arrive et demande gentiment ce qui ne va pas.
« J'ai peur !
- Peur de quoi, mon Lulu?
- De la méchante sorcière !
- Celle avec le long nez crochu, le menton poilu ?

Mais mon Lulu, souviens-toi,
tu l'as dessinée et enfermée
dans la boîte à cauchemars,
elle ne pourra pas en sortir, ne t'inquiète pas. »
Lulu sourit et hoche la tête.
Son papa l'embrasse et s'en va.

Lulu a fermé les yeux,
mais il ne peut s'empêcher d'appeler :
« Mamaaaan, papaaaaa »
Papa et maman reviennent et disent en chœur :
« Oui, Lulu, que t'arrive-t-il ?
- Vous ne m'avez pas dit bonne nuit. »

Maman répond d'une voix douce :
« Je crois que si mon chéri,
alors encore un dernier bisou et c'est terminé pour ce soir.
N'oublie pas que tu as une petite valise
au fond de toi, remplie de câlins,
de bisous pour la nuit. Fais de beaux rêves, mon Lulu,
et si un cauchemar s'invite,
compte sur nous pour venir le chasser ! »

• Mon rituel du soir •

MON JOLI SOUVENIR DU JOUR

Installe-toi au calme,
dans ta chambre,
avec une petite lumière
toute douce, sur ton lit
ou dans un fauteuil.
Ferme les yeux, respire
et souffle lentement.
Réfléchis à un moment
que tu as vraiment beaucoup
aimé aujourd'hui. À la maison,
à l'école, chez tes grands-parents,
avec un ami...
Prends le temps de le trouver,
en respirant calmement.

Puis, raconte
ce souvenir à ton papa et à
ta maman et essaie
de trouver les mots pour
expliquer ce que que tu
as ressenti pendant ce
moment : de la joie,
de l'amusement, du bonheur,
etc... Ils peuvent t'aider
un peu si tu veux.

Quand tu te coucheras,
garde cette jolie image en toi, dis-lui :
« À demain », et pense à elle
pour passer une belle nuit.

• Le coin des parents •

Pour que votre enfant puisse se coucher avec sérénité, prenez le temps de l'écouter et accueillez ses émotions en lui disant qu'il a le droit de les ressentir, quelles qu'elles soient. S'il exprime des sentiments négatifs, n'hésitez pas à lui dire que vous comprenez sa peine, que ce qu'il a vécu a dû être difficile, pour l'aider à parler sans qu'il se sente jugé, mais compris, entendu.

Achevé d'imprimer en février 2017 par Pollina - L79172, France. Cet imprimeur est Imprim'Vert.
N° d'édition : J17053
Dépôt légal : avril 2017